Persépolis

2

Marjane Satrapi

Persépolis

2

NORMA
Editorial

PERSÉPOLIS 2
Título original: "Persepolis 2", de Marjane Satrapi.
Tercera edición: noviembre 2005.
© 2001 L'Association. All rights reserved.
Published by arrangement with L'Association.
© 2005 Norma editorial por la edición en castellano.
Pg. Sant Joan 7, Pral. 08010 Barcelona.
Tel. 93 303 68 20 – Fax. 93 303 68 31.
E-mail: norma@normaeditorial.com
Traducción: Albert Agut. Rotulación: Estudio Din&Mita.
Depósito legal: B-34445-2005. ISBN: 84-8431-562-2.
Printed in the EU.

www.NormaEditorial.com

EL VIAJE

¡OH, MIERDA!

¡¡HAN OCUPADO LA EMBAJADA DE ESTADOS UNIDOS!!

¿QUIÉN?

ESTUDIANTES ISLAMISTAS. ¡¡HAN TOMADO COMO REHENES A TODOS LOS AMERICANOS!!

¡VAYA!

LA LLAMAN "EL NIDO DE ESPÍAS". ¡JA, JA! NI QUE ESTO FUERA JAMES BOND.

¡NO PARECE QUE TE INTERESE!

ME TRAE SIN CUIDADO.

DE TODAS FORMAS, LOS AMERICANOS SON UNOS IMBÉCILES.

PUEDE, PERO AHORA NADIE PODRÁ IR A ESTADOS UNIDOS.

¿¿POR QUÉ??

MUY SENCILLO. ¡NO HAY EMBAJADA, NO HAY VISADOS!

UN GRAN SUEÑO SE DESMORONABA. NUNCA TENDRÍA DERECHO A IR A LOS ESTADOS UNIDOS.

KAVEH, HOY HAN CERRADO LA EMBAJADA DE EE.UU. YA NO PODRÉ IR A VERTE...

EL SUEÑO NO ERAN LOS ESTADOS UNIDOS, SINO MI COMPAÑERO KAVEH, QUE SE HABÍA INSTALADO ALLÍ HACÍA UN AÑO.

UNOS DÍAS MÁS TARDE...

SEGÚN LA DECISIÓN DEL MINISTERIO DE EDUCACIÓN, LAS UNIVERSIDADES SE CERRARÁN EL PRÓXIMO MES...

¡OH, NO!

EL SISTEMA EDUCATIVO, ASÍ COMO EL TEMARIO DE LOS LIBROS ESCOLARES Y UNIVERSITARIOS SON DECADENTES. DEBEMOS REVISAR TODO ESO PARA QUE NUESTROS JÓVENES NO SE ALEJEN DEL CAMINO DEL ISLAM.

¡POR SUPUESTO, POR SUPUESTO!

POR ESO CERRAREMOS LAS UNIVERSIDADES DURANTE UN TIEMPO LIMITADO. ES MEJOR NO TENER ESTUDIANTES QUE EDUCAR A FUTUROS IMPERIALISTAS.

LAS UNIVERSIDADES ESTUVIERON CERRADAS DURANTE DOS AÑOS.

YA LO VERÁS, ACABARÁN OBLIGÁNDONOS A LLEVAR EL VELO Y A IR EN CAMELLO. ¡DIOS MÍO, QUÉ POLÍTICA MÁS RETRÓGRADA!

¿EN CAMELLO?

SE ACABARON LAS UNIVERSIDADES... Y YO QUE QUERÍA SER QUÍMICA. QUERÍA SER COMO MARIE CURIE.

QUERÍA SER UNA MUJER SABIA Y EMANCIPADA. QUERÍA COGER UN CÁNCER EN NOMBRE DE LA CIENCIA.

HE DESCUBIERTO EL ÚLTIMO ELEMENTO RADIACTIVO.

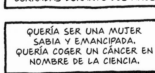

OTRO SUEÑO QUE VOLABA.

¡MALDICIÓN! A LA EDAD QUE MARIE CURIE FUE A ESTUDIAR A FRANCIA, YO YA TENDRÉ DIEZ HIJOS, SEGURO...

UNA TARDE...

EL COCHE DE MAMÁ SE HA ESTROPEADO, TENEMOS QUE IR A BUSCARLA.

¡EB!

¡MAMÁ!

DOS TIPOS... DOS BARBUDOS... DOS CABRONES BARBUDOS... ME HAN... ME HAN...

TRANQUILA, QUERIDA, TRANQUILA. ¿TE HAN QUÉ?

¡MAMÁ!

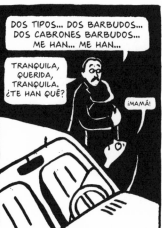

ME HAN INSULTADO. ¡HAN DICHO QUE A LAS MUJERES COMO YO HABRÍA QUE LLEVARLAS AL PAREDÓN Y ECHARLAS A LOS GUSANOS!

...QUE SI NO QUERÍA QUE ESO ME PASARA, SÓLO TENÍA QUE PONERME EL VELO...

¡¡¡OLVIDA A ESOS BÁRBAROS!!! VAMOS...

MI MADRE ESTUVO UNOS DÍAS MALA POR CULPA DE AQUEL INCIDENTE.

¿MAMÁ, QUIERES ALGO?

ASÍ QUE PARA PROTEGER A LAS MUJERES DE POSIBLES VIOLADORES, SE DECLARÓ OBLIGATORIO EL USO DEL VELO.

LOS CABELLOS DE LAS MUJERES CONTIENEN DESTELLOS QUE EXCITAN A LOS HOMBRES. ¡LAS MUJERES DEBEN OCULTARLOS! SI NO LLEVAR EL VELO ES UNA PRUEBA DE CIVILIZACIÓN, LOS ANIMALES SON MÁS CIVILIZADOS QUE NOSOTROS.

¡FANTÁSTICO! ¡¡TOMAN A TODOS LOS HOMBRES POR OBSESOS SEXUALES!!

CLARO. ¡COMO ELLOS!

RÁPIDAMENTE, LA MANERA DE VESTIR SE CONVIRTIÓ EN UNA CUESTIÓN IDEOLÓGICA. HABÍA DOS TIPOS DE MUJERES.

LA MUJER INTEGRISTA

LA MUJER MODERNA

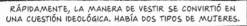

MOSTRABAN SU OPOSICIÓN AL RÉGIMEN DEJANDO ALGUNOS MECHONES AL DESCUBIERTO.

HABÍA DOS TIPOS DE HOMBRES.

EL HOMBRE INTEGRISTA

BARBA

CAMISA POR ENCIMA DEL PANTALÓN

EL HOMBRE PROGRESISTA

AFEITADO, CON O SIN BIGOTE

CAMISA POR DENTRO DEL PANTALÓN

EN EL ISLAM NO SE ACONSEJA AFEITARSE.

HAY QUE PRECISAR QUE SI LAS MUJERES ESTABAN OBLIGADAS, BAJO PENA DE PRISIÓN, A PONERSE EL VELO, LOS HOMBRES TENÍAN FORMALMENTE PROHIBIDO LLEVAR CORBATA (SÍMBOLO DE OCCIDENTE). Y SI LOS CABELLOS DE LAS MUJERES EXCITABAN A LOS HOMBRES, TAMBIÉN LOS BRAZOS DESNUDOS DE LOS HOMBRES EXCITABAN A LAS MUJERES: ASÍ QUE LES ESTABA PROHIBIDO LLEVAR CAMISAS DE MANGA CORTA.

AL MENOS, HABÍA CIERTA JUSTICIA.

PERO NO SÓLO HABÍA CAMBIADO EL GOBIERNO. LA GENTE TAMBIÉN CAMBIABA.

¡LA HAS VISTO! HACE MENOS DE UN AÑO ANDABA ENSEÑANDO LAS PIERNAS CON SU MINIFALDA, Y AHORA LA SEÑORA LLEVA CHADOR. POR CONVENIENCIA.

AL BARBUDO DE SU MARIDO, QUE SE EMBORRACHABA TODAS LAS NOCHES, AHORA SE LE LLENA LA BOCA DE REPROCHES NADA MÁS OÍR LA PALABRA ALCOHOL.

¡SU HIJA DICE QUE REZA TODOS LOS DÍAS!

SI ALGUNA VEZ TE PREGUNTA QUÉ HACES DURANTE EL DÍA, DILE QUE REZAS. ¿¿ENTENDIDO??

SÍ...

AL PRINCIPIO ERA UN POCO DURO, PERO APRENDÍ A MENTIR MUY DEPRISA.

YO HAGO MIS ORACIONES CINCO VECES AL DÍA.

PUES YO DIEZ U ONCE VECES... HASTA DOCE.

A PESAR DE TODO, LA REVOLU-
CIÓN AÚN HERVÍA EN LA SANGRE
DE LA GENTE. HUBO ALGUNAS
MANIFESTACIONES EN CONTRA.

MAÑANA HAY UNA
CONCENTRACIÓN CON-
TRA EL INTEGRISMO.

¡YO TAM-
BIÉN VOY!

¡NO! ES PELIGROSO.

¡ELLA TAM-
BIÉN VIENE!

¡COMO MUJER, ES AHORA
CUANDO DEBE APRENDER A
DEFENDER SUS DERECHOS!

DESDE LA REVOLUCIÓN DE 1979,
HABÍA CRECIDO (UN AÑO) Y
MAMÁ HABÍA CAMBIADO.

ASÍ QUE FUI CON ELLOS.
REPARTÍA PANFLETOS...

¡BOMBAS, COHETES Y CAÑONES NO
CAMBIARÁN NUESTRAS OPINIONES!

...CUANDO DE REPENTE LA COSA SE PUSO FEA.

¡A PALOS OS LAS
CAMBIAREMOS!

POR PRIMERA VEZ EN MI VIDA VI LA
VIOLENCIA CON MIS PROPIOS OJOS.

¡PAPÁ!

FUE NUESTRA ÚLTIMA MANIFESTACIÓN.

¡SÁLVESE QUIEN
PUEDA!

LA SITUACIÓN SE AGRAVABA DÍA A DÍA. EN SEPTIEMBRE DE 1980, MIS PADRES ORGANIZARON UN VIAJE PARA LOS TRES, COMO SI SINTIERAN QUE DENTRO DE POCO YA NO IBA A SER POSIBLE HACER AQUELLO. EL TIEMPO LES DIO LA RAZÓN... ASÍ QUE NOS FUIMOS TRES SEMANAS A ESPAÑA Y A ITALIA...

...FUE MARAVILLOSO.

JUSTO ANTES DE MARCHAR, EN LA HABITACIÓN DEL HOTEL DE MADRID.

¡MIRAD ESTO!

EN LA TELE SALÍA EL MAPA DE IRÁN CON UNA MASA NEGRA QUE AVANZABA POCO A POCO SOBRE EL PAÍS.

AFGANISTÁN

IRAQ

IRÁN

KUWAIT

GOLFO PÉRSICO

PAKISTÁN

¿QUÉ ES ESO?

¡QUÉ LÁSTIMA QUE NO ENTENDAMOS EL ESPAÑOL!

A LO MEJOR ESTÁN HABLANDO DE LA CONTAMINACIÓN. ¡TEHERÁN ES LA CUARTA CIUDAD MÁS CONTAMINADA DEL MUNDO!

ME PARECE QUE NO HABLAN DE LA CAPITAL, SINO DE TODO EL PAÍS.

AL DÍA SIGUIENTE, MI ABUELA VINO A BUSCARNOS AL AEROPUERTO.

¡YAYA! ¡TE HE COMPRADO UN VESTIDO NEGRO!

PARECÍA PREOCUPADA.

¿VA TODO BIEN, MAMÁ?

SÍ...

¡AH! VOY A QUITARME ESTE PAÑUELO. DA MUCHO CALOR.

ME ALEGRO DE ESTAR DE VUELTA. ¡NO SE ESTÁ EN NINGUNA PARTE COMO EN CASA!

¡SÍ! PERO PRONTO YA NO TENDREMOS CASA...

¿POR QUÉ DICES ESO?

¿NO OS HABÉIS ENTERADO?

¿ENTERADO DE QUÉ?

¡ESTAMOS EN GUERRA!

¡¿QUÉ?!

...LO ANUNCIARON OFICIALMENTE HACE DOS DÍAS, PERO EN REALIDAD EMPEZÓ HACE UN MES... ...LOS INTEGRISTAS IRANÍES HICIERON QUE SUS ALIADOS CHIITAS DE IRAQ SE SUBLEVARAN CONTRA SADDAM. CON EL TIEMPO QUE LLEVA ESE TIPO QUERIENDO INVADIRNOS, ESTO LE HA DADO EL PRETEXTO PERFECTO PARA ATACARNOS. ES LA SEGUNDA INVASIÓN ÁRABE... EN DEFINITIVA, UNA MIERDA.

¡LA SEGUNDA INVASIÓN EN MIL CUATROCIENTOS AÑOS! ¡EL CORAZÓN ME DIO UN VUELCO! ESTABA DISPUESTA A DEFENDER MI PAÍS CONTRA AQUELLOS ÁRABES QUE NO DEJABAN DE AGREDIRNOS.

¡¡QUERÍA LUCHAR!!

LOS F-14

UNOS DÍAS DESPUÉS DEL VIAJE Y JUSTO ANTES DE LA VUELTA AL COLE, ESTABA EN EL DESPACHO DE MI PADRE.

MECANOGRAFÍE ESTO CON TRES COPIAS.

DE ACUERDO.

¡BOUM!

¡A CUBIERTO!

ERA LA PRIMERA VEZ QUE VEÍA AVIONES CAZA...

¡BIEN! NUESTRO EJÉRCITO HACE MANIOBRAS.

NO CREO. DEBEN DE SER IRAQUÍES.

¿QUÉ? ¡¡¿POR QUÉ LO DICES?!!

¡PORQUE NO SE PARECEN A NUESTROS F-14!

AQUELLO ERA MUY DOLOROSO PERO PAPÁ ERA INGENIERO. EL ESPECIALISTA ERA ÉL.

IRAQUÍES O IRANÍES, LOS AVIONES VOLABAN A RAS DE SUELO. CUANDO LLEGARON AL HORIZONTE SUBIERON RÁPIDAMENTE FRENTE A LAS MONTAÑAS.

¡DEPRISA! ¡LA RADIO!

¡AQUÍ ESTÁ, PAPÁ!

LOS MIGS IRAQUÍES HAN BOMBARDEADO TEHERÁN...

¡AH! ¡ESOS CABRONES!

¡DESGRACIADOS!

LA GUERRA SIEMPRE TE COGE DESPREVENIDO.

¡¡HAY QUE BOMBARDEAR BAGDAD!!

¡QUITA LOS PIES DE ENCIMA DE LA MESA, ES DE MALA EDUCACIÓN!

BOMBARDEAR BAGDAD... PARA ESO HAY QUE TENER PILOTOS. DESPUÉS DEL GOLPE DE ESTADO FALLIDO DE LOS GENERALES, ESTÁN TODOS EN CHIRONA O EJECUTADOS...

?

¿DE QUÉ VA ESTA NUEVA HISTORIA? ¿QUÉ GOLPE DE ESTADO? ¿QUÉ PILOTOS ENCARCELADOS?

YO CONOCÍA A UN PILOTO DE CAZA, EL PADRE DE MI COMPAÑERA PARDISSE.

¡NUNCA ME HABÍA DICHO QUE SU PADRE ESTUVIERA EN LA CÁRCEL! AUNQUE... EL AÑO PASADO FALTÓ A CLASE MÁS DE UN MES.

¡EL CABRÓN DE SADDAM HA ESPERADO A QUE ESTUVIÉRAMOS DÉBILES PARA ATACARNOS!

EL PADRE DE PARDISSE ENTEZAMI ES PILOTO DE GUERRA. IRÁ A BOMBARDEAR BAGDAD.

ENTEZAMI... ENTEZAMI... FORMABA PARTE DE LOS SUBLEVADOS. ¡PRIMERO TENDRÁ QUE SALIR DE LA CÁRCEL!

ME VOY A MI CUARTO.

¡ES TERRIBLE! MI PADRE ES UN DERROTISTA. NO TIENE SENTIMIENTO PATRIÓTICO...

DE REPENTE, SONÓ EL HIMNO NACIONAL DE IRÁN POR LA TELE. NUESTRA MARSELLESA...

♪ OH, IRÁN NUESTRO PAÍS DE ORO. TU TIERRA ES LA CUNA DEL ARTE ♪

EL NUEVO RÉGIMEN LO HABÍA PROHIBIDO Y SUSTITUIDO POR EL HIMNO ISLÁMICO...

HACÍA MÁS DE UN AÑO QUE NO LO OÍAMOS...

♪ QUE SE ALEJEN DE TI LAS MALAS INTENCIONES DE TUS ENEMIGOS... ♪

ESTÁBAMOS CONMOVIDOS...

BIENVENIDOS AL NOTICIARIO DE LAS OCHO. CIENTO CUARENTA AVIONES F-14 IRANÍES HAN BOMBARDEADO BAGDAD ESTA TARDE.

¡VAYA, ¿HAS VISTO COMO NUESTRO EJÉRCITO TAMBIÉN ES FUERTE?!

NO HAY QUE FIARSE DE SUS INFORMACIONES. A LAS OCHO DAN TAMBIÉN LAS NOTICIAS DE LA B.B.C. POR LA RADIO. ¿DÓNDE ESTÁ LA RADIO?

¡TÚ LO CUESTIONAS TODO! ¡AQUÍ TIENES TU RADIO!

KRR... KRR...
KRR... KRR...

HOY CIENTO CUARENTA BOMBARDEROS IRANÍES HAN MASACRADO BAGDAD...

¡JA, JA!

¡CHÚPATE ÉSA, SADDAM!

¡QUE SE FASTIDIEN!

ME HABÍA HECHO UNA IDEA EQUIVOCADA DE ÉL: PAPÁ AMABA A SU PAÍS TANTO COMO YO.

EL PRESIDENTE BANISADR HA PEDIDO LA LIBERACIÓN DE LOS PILOTOS DE GUERRA QUE FUERON ENCARCE-LADOS DESPUÉS DEL ALZAMIENTO FALLIDO. ÉSTOS HAN ACEPTADO BOMBARDEAR IRAQ A CAMBIO DE LA DIFUSIÓN DEL HIMNO NACIONAL...

MI PADRE TENÍA RAZÓN, COMO DE COSTUMBRE...

...EL RESTO DE LAS NOTICIAS NO FUERON TAN GRATAS...

LAS BAJAS IRANÍES HAN SIDO CONSIDERABLES... APROXIMADAMENTE LA MITAD DE LOS AVIONES NO HA REGRESADO A SUS BASES.

¡ESPERO QUE EL PAPÁ DE PARDISSE NO HAYA MUERTO!

LLÁMALA.

NO TENGO SU NÚMERO DE TELÉFONO.

TUVE QUE ESPERAR DOS SEMANAS PARA SABERLO.

¡EH! PARDISSE.

LO COMPRENDÍ DE INMEDIATO, PERO NO ME ATREVÍ A PREGUNTAR.

EN CLASE, LA MAESTRA NOS PIDIÓ QUE HICIÉRAMOS UNA REDACCIÓN SOBRE LA GUERRA.

ES UN TEMA MUY DIFÍCIL, PERO NOS CONCIERNE A TODOS. PENSADLO BIEN.

YO NO NECESITABA PENSARLO. TENÍA IDEAS MUY PROFUNDAS AL RESPECTO.

¿TIENES ALGO QUE DECIR?

¡OH! MUCHAS COSAS...

ESCRIBÍ CUATRO PÁGINAS EN LAS QUE DESARROLLÉ EL PUNTO DE VISTA HISTÓRICO DEL ACONTECIMIENTO: "SIMILITUDES ENTRE LA CONQUISTA ÁRABE Y LA GUERRA IRÁN-IRAQ".

ESTABA MUY ORGULLOSA DE MÍ MISMA.

...ESTA GUERRA ES LA MISMA QUE LA DE HACE 1.400 AÑOS...

AUNQUE LA MAESTRA NO PARECÍA MUY ENTUSIASMADA.

NO ESTÁ MAL. BUENO, PARDISSE ENTEZAMI, A LA PIZARRA.

...PARDISSE HIZO LA REDACCIÓN MÁS BONITA. ERA UNA CARTA DIRIGIDA A SU PADRE EN LA QUE LE PROMETÍA QUE SE IBA A OCUPAR DE SU MADRE Y DE SU HERMANO PEQUEÑO.

DESCANSA EN PAZ, PAPÁ.

EN EL RECREO INTENTÉ CONSOLARLA...

TU PADRE SE COMPORTÓ COMO UN AUTÉNTICO HÉROE. ¡TIENES QUE ESTAR ORGULLOSA DE ÉL!

PREFERIRÍA QUE ESTUVIERA VIVO Y ENCARCELADO QUE MUERTO COMO UN HÉROE.

ES LO QUE ME CONTESTÓ, PALABRA POR PALABRA.

LAS JOYAS

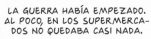
LA GUERRA HABÍA EMPEZADO. AL POCO, EN LOS SUPERMERCADOS NO QUEDABA CASI NADA.

NO SÉ SI VALE LA PENA COGER UN CARRITO.

¡¡YO LO HE VISTO PRIMERA!!

¡¡DEVUÉLVEMELO!!

¡BASTA YA!

?

?

¿QUIÉN LE MANDA METERSE?

¿QUÉ LE PASA A ÉSTA?

DÉJALO, MAMÁ.

BASTARÁ CON QUE LAS TIENDAS CIERREN UN DÍA PARA QUE OS COMÁIS ENTRE VOSOTROS. ¡ESTO SÍ QUE ES GENTE CIVILIZADA! ¡SI CADA UNO SE QUEDARA SÓLO CON LO QUE NECESITA HABRÍA PARA TODOS!

AL SALIR DEL SUPERMERCADO...

¿CUÁNTOS PAQUETES DE ARROZ HEMOS COMPRADO?

DOS.

HUM... IREMOS A LA TIENDA DE AL LADO A POR MÁS. ¡NUNCA SE SABE!

?

TAMPOCO QUEDABA GRAN COSA EN LAS GASOLINERAS.

¿TIENES BIDONES?

¿BIDONES? ¿PARA QUÉ?

¡¡TÚ QUÉ CREES!! ¡¡¡PARA PONERLOS AL BAÑO MARÍA!!!

¡NO LE HABLES ASÍ A MI MADRE!

TODAS LAS MAÑANAS HAGO SESENTA KILÓMETROS PARA QUE TENGÁIS UNA VIDA TRANQUILA. ¿CÓMO LO VOY A HACER SIN COCHE? ¡POR ESO NECESITO LOS BIDONES! ¡PARA LA GASOLINA, ENTIENDES! ¡¡¡EL COCHE VA CON GASOLINA!!!

OH, PERDÓNAME, CARIÑO. LLEVO TODO EL DÍA CORRIENDO. TENGO LOS NERVIOS DE PUNTA. VENGA, VOY A LLENAR EL DEPÓSITO Y DESPUÉS BUSCAMOS UN RESTAURANTE.

SUPONGO QUE ESTARÁS ORGULLOSO.

DESPUÉS DE LA RECONCILIACIÓN ACOMPAÑAMOS A MI PADRE.

ESPERAMOS HASTA LAS DOS DE LA MAÑANA. LO DEL RESTAURANTE SE FASTIDIÓ.

NO LLENAMOS LOS BIDONES DE GASOLINA. SI NO, NO HABRÁ BASTANTE PARA TODO EL MUNDO.

SÓLO FALTABA ESO, ¿PERO SABE QUÉ ESTÁ PASANDO? LA PRENSA NACIONAL NO DICE NADA.

CLARO QUE NO DICEN NADA, ¡¡ES UN CAOS!! ...¡IRAQ HA BOMBARDEADO LA REFINERÍA PETROLÍFERA DE ABADÁN!

¡DIOS MÍO, MALI!

AY, AY, AY, AY.

MALI ERA UNA AMIGA DE LA INFANCIA DE MI MADRE. VIVÍA EN ABADÁN CON SU MARIDO Y SUS DOS HIJOS.

¡DEPRISA! ¡EL TELÉFONO!

RRING...
RRING...
RRING...

¡¡NO CONTESTAN!!

YA LO HE PROBADO, PERO ESTÁ SORDA.

¿HAS PROBADO EN CASA DE SU MADRE? ¡TIENE QUE SABER ALGO!

DESPUÉS DE ABADÁN, LAS CIUDADES FRONTERIZAS SE CONVIRTIERON EN EL OBJETIVO DE LAS BOMBAS. LA MAYOR PARTE DE LOS HABITANTES DE AQUELLAS REGIONES TUVIERON QUE HUIR HACIA EL NORTE, LEJOS DE LOS MISILES IRAQUÍES.

DING DONG

¿QUIÉN SERÁ A ESTAS HORAS?

¡NO TENGO NI IDEA!

CLic!

¡¿¿MALI??!

LO HEMOS PERDIDO TODO... ¡TODO!

¡VAMOS! TRANQUILA, TODO IRÁ BIEN...

¡FÍJATE! ES TODO LO QUE HE PODIDO SALVAR.

AH...

VENID, CHICOS, VOY A PREPARAROS UN CHOCOLATE CALENTITO.

NO ME GUSTA.

A MÍ TAMPOCO.

HEMOS IDO A CASA DE MI MADRE. HEMOS LLAMADO CIEN VECES, PERO NO NOS OYE. ¡¡LO SIENTO MUCHO!!

NO, QUERIDA, HAS HECHO MUY BIEN EN VENIR.

¡LA CASA QUE ME COSTÓ UN MILLÓN CONVERTIDA EN HUMO! ¡UN MILLÓN! ¡¿TE DAS CUENTA?!

...

A MI PADRE NO LE CAÍA MUY BIEN EL MARIDO DE MALI. LE PARECÍA UN POCO MATERIALISTA.

ES VERDAD QUE TENÍAN UNA CASA MUY BONITA. HACE TRES AÑOS PASAMOS ALLÍ LAS VACACIONES.

¡¡SÓLO EL MÁRMOL ME COSTÓ CIEN MIL!!

AH...

BUENO, OS HE PREPARADO LA CAMA. ESTÁIS EN VUESTRA CASA. LOS NIÑOS DORMIRÁN EN LA HABITACIÓN DE MARJI.

¡OH! ¡GRACIAS, TAJI!

¡SÍ, GRACIAS!

VOSOTROS DOS, SEGUIDME.

¿NO TIENES JUGUETES?

NO. YA SOY MAYOR. TENGO LIBROS; SI QUERÉIS PUEDO LEEROS UN CUENTO.

¡EN CASA TENEMOS TODOS LOS STAR WARS!

¡YO TENGO UN DARTH VADER!

¡QUÉ SUERTE!

¿TE GUSTA STAR WARS?

ME GUSTA LA PRINCESA LEIA.

¡¿LEILA?!

¡UOOH! ES MALA...

BUENO, ES HORA DE ACOSTARSE. BUENAS NOCHES, CHICOS.

...

...

TUVIERON QUE VENDER LAS JOYAS Y EMPEZAR DE CERO. MALI Y SU FAMILIA VIVIERON EN CASA DURANTE UN MES. LA MADRE DE MALI ERA SECA Y DESAGRADABLE (Y SORDA). EN CASA ESTABAN CONTENTOS. UN DÍA FUIMOS JUNTOS AL SUPERMERCADO.

NOS LO QUI-TAN TODO.

MI VECINA DICE QUE HA OÍDO QUE SUS MUJERES SE PROSTITUYEN. ¡NO TIENEN DIGNIDAD!

¡DENTRO DE POCO, ADEMÁS DE LA COMIDA, TENDREMOS QUE VIGILAR A NUESTROS MARIDOS! ¡¡CON TODAS ESAS ZORRAS!!

PERO YA SE SABE: "¡LAS MUJERES DEL SUR SON TODAS UNAS PUTAS!"

?

¡LO QUE DICEN ES ESCANDALOSO!

QUÉ HUMILLANTE...

PEDOS...

UNA COSA ES QUE TE ATAQUEN LOS IRAQUÍES, QUE PIERDAS EN UN ABRIR Y CERRAR DE OJOS LO QUE TE HA COSTADO TODA UNA VIDA CONSTRUIR... PERO QUE LOS TUYOS TE RECHACEN, ¡ESO ES INSOPORTABLE!

SENTÍ COMO UN TERRIBLE SENTIMIENTO DE VERGÜENZA...

?

...Y DE COMPASIÓN.

LA LLAVE

EL EJÉRCITO IRANÍ HABÍA CONQUISTADO LA CIUDAD DE KHORAMSHAHR. SU EQUIPAMIENTO ERA DE CALIDAD, PERO NOSOTROS TENÍAMOS LA CANTIDAD. COMPARADO CON IRAQ, IRÁN ERA UNA AUTÉNTICA CANTERA HUMANA. EL NÚMERO DE NUESTROS MÁRTIRES DE GUERRA ASÍ LO DEMOSTRABA.

¿ME AYUDAS A SECARME EL PELO?

¿HAS VISTO TODOS ESTOS MUERTOS?

¿CÓMO NO IBA A VERLOS? ¡HACEN TODO LO POSIBLE PARA QUE LOS VEAMOS! ¡LAS CALLES ESTÁN LLENAS DE CÁMARAS NUPCIALES!

SEGÚN LA TRADICIÓN CHIITA, SE PONE UNA CÁMARA NUPCIAL PARA LOS HOMBRES MUERTOS ANTES DEL MATRIMONIO, PARA HACERLES VIVIR SIMBÓLICAMENTE LA RELACIÓN CARNAL ANTES DE LLEGAR AL CIELO.

SE SUPONE QUE MUCHOS DE ELLOS ERAN VÍRGENES.

VUUUUUUU

¿MAMÁ, NO TE IMPORTAN LOS MUERTOS?

¡CLARO QUE ME IMPORTAN! ¡PERO NOSOTROS SEGUIMOS VIVOS!

EN ESTE PAÍS SIEMPRE HA HABIDO MÁRTIRES. ASÍ QUE, COMO DECÍA MI PADRE: "¡CUANDO VIENE UNA GRAN OLA, AGACHA LA CABEZA Y DÉJALA PASAR!"

ESTO ES MUY PERSA. LA FILO-SOFÍA DE LOS RESIGNADOS.

ESTABA DE ACUERDO CON MI MADRE, YO TAMBIÉN TENÍA GANAS DE PENSAR SÓLO EN LA VIDA, AUNQUE NO ERA FÁCIL: EN LA ESCUELA NOS PONÍAN DOS VECES AL DÍA EN FILA PARA LLORAR POR LAS VÍCTIMAS DE LA GUERRA, LA DIRECCIÓN DE LA ESCUELA PONÍA MÚSICA TRISTE Y NOSOTRAS NOS GOLPEÁBAMOS EN EL PECHO.

ME ACUERDO DE MI INICIACIÓN. FUE EN LA VUELTA A CLASE DE QUINTO.

BIENVENIDAS, HIJAS DEL IRÁN. ¡LA GUERRA NOS HA ROBADO A LOS MEJORES CHICOS DE ESTE PAÍS!

LOS ALTAVOCES EMPEZARON A CANTAR.

TUTURUTUTU EH, LAS TROPAS DE... PREPARAOS, PREPARAOS

¡VENGA, CHICAS, EN EL CORAZÓN!

¡PAF! ¡PAF!

ASÍ QUE EMPEZAMOS EL CURSO A CORO.

BUENO, NO ERA TAN TRAUMATIZANTE COMO PUEDE IMAGINARSE. YA LO HABÍAMOS VISTO ANTES.

GOLPEARSE ERA UNO DE LOS RITUALES DEL PAÍS. DURANTE ALGUNAS CEREMONIAS RELIGIO-SAS HABÍA GENTE QUE SE MORTIFICABA BRUTALMENTE.

EN OCASIONES, HASTA CON CADENAS.

AQUELLO PODÍA LLEGAR MUY LEJOS.

A VECES SE CONSIDERABA UNA PRUEBA DE VIRILIDAD.

AL CABO DE POCO, YA NADIE SE TOMABA EN SERIO LAS SESIONES DE SUPLICIO, YO LA PRIMERA: ME PONÍA DELANTE Y HACÍA EL PAYASO.

¡LOS MÁRTIRES! ¡LOS MÁRTIRES!

¡¡MATADME!!

¡SATRAPI! ¿QUÉ HACES EN EL SUELO?

ESTOY SUFRIENDO, ¿NO SE NOTA?

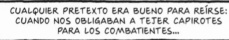

CUALQUIER PRETEXTO ERA BUENO PARA REÍRSE: CUANDO NOS OBLIGABAN A TEJER CAPIROTES PARA LOS COMBATIENTES...

¡PARAD! ¡¡O LLAMO A LA DIRECTORA!!

...CUANDO TENÍAMOS QUE DECORAR LA CLASE PARA EL ANIVERSARIO DE LA REVOLUCIÓN...

¿QUÉ SON ESAS GUIRNALDAS?

¿PAPEL HIGIÉNICO?

¡VALÉIS MENOS QUE ESOS ADORNOS! ¡¡NO VALÉIS NADA!! ¡¿ME OÍS?! ¡¡¡NADA!!!...

CACA.

¿QUIÉN HA DICHO ESO? ¿QUIÉN HA SIDO? ¡QUE TENGA EL VALOR DE LEVANTARSE! ¡SI NO OS CASTIGARÉ A TODAS! ¿BIEN? ¡¡¿¿QUIÉN HA SIDO??!!

ÉRAMOS MUY SOLIDARIAS.

¡ESTÁIS TODAS EXPULSADAS UNA SEMANA!

CREO QUE ÉRAMOS MUY REBELDES PORQUE NUESTRA GENERACIÓN HABÍA CONOCIDO LA ESCUELA LAICA. POR SUPUESTO, NO TARDARON EN CONVOCAR A NUESTROS PADRES.

SUS HIJOS NO RESPETAN NADA. ¡NO TIENEN MODE-RACIÓN! ¡LA BASE DE LA EDUCACIÓN ESTÁ EN LA FAMILIA!

ALTO AHÍ. ¿¡ESTÁ DICIÉNDO-NOS QUE NO SABEMOS EDU-CAR A NUESTROS HIJOS?!

SEÑORA, ESTAMOS EN GUERRA. HAY MUCHOS NIÑOS QUE NO VAN A LA ESCUELA. ¡LOS SUYOS SON AFORTUNADOS! ¡ASÍ QUE DEBEN SER OBEDIENTES!

¿OBEDIENTES? ¿¡PARA GOLPEARSE DOS VECES DIARIAS?!

¿PARA IR TAPA-DAS DE LOS PIES A LA CABEZA?

¡¿PARA NO PODER JUGAR COMO LOS NIÑOS DE SU EDAD?!

¡OH!

¡DE TODAS FORMAS ES LO QUE HAY! ¡¡O RESPETAN LA LEY, O LAS EXPULSAREMOS!!

Y QUE LLEVEN EL VELO BIEN PUESTO...

SI LOS PELOS SON TAN EXCITANTES COMO DICE, ¿¡POR QUÉ NO SE DEPILA EL BIGOTE?!

ESO LO DIJO MI PADRE.

SI A LAS CHICAS NOS OBLIGABAN A HACER CAPIROTES PARA LOS COMBATIENTES, A LOS CHICOS LOS PREPARABAN PARA CONVERTIRSE EN SOLDADOS.

BUENOS DÍAS, SEÑORA NASSRINE. ¿SE ENCUENTRA BIEN?

LA SEÑORA NASSRINE ERA NUESTRA SEÑORA DE LA LIMPIEZA.

¿BUENO? ¿QUÉ HA PASADO?

¿VA TODO BIEN?

NO, MI HIJO, NO VA BIEN.

¿VE ESTO?

SÍ, ES UNA LLAVE DORADA DE PLÁSTICO.

SE LA HAN DADO A MI HIJO EN LA ESCUELA. LES HAN DICHO QUE SI COMBATEN Y TIENEN LA SUERTE DE MORIR, ENTRARÁN EN EL PARAÍSO CON ESTA LLAVE.

¡DIOS MÍO!

VENGA, LLORE, DESAHÓGUESE.

VOY A PREPARARLE UN TÉ.

HE SUFRIDO MUCHO. HE CRIADO A MIS CINCO HIJOS CON EL SUDOR DE MI FRENTE. Y AHORA ESOS SEÑORES QUIEREN QUITARME AL MAYOR CON ESTA LLAVE...

TODA LA VIDA HE SIDO FIEL A LA RELIGIÓN. PARA ESTO... YA NO QUIERO CREER EN NADA...

¿Y EL CHICO QUÉ DICE?

LE HAN CONTADO QUE EN EL PARAÍSO HAY COMIDA EN ABUNDANCIA, MUJERES, CASAS DE ORO Y DIAMANTES...

¿MUJERES?

¡SÍ! TIENE CATORCE AÑOS. ESO LE INTERESA.

TRÁIGALO. HABLARÉ CON ÉL.

BUENO, ME VOY AL COLE.

POR EL CAMINO PENSÉ EN MI PRIMO PEYMAN. TAMBIÉN TENÍA CATORCE AÑOS.

AL VOLVER DE CLASE.

ESCUCHA, HIJO, ¡TODO ESO SON CUENTOS! ¿QUÉ INFIERNO? ¿QUÉ PARAÍSO?

¡HOLA!

¡NO TE ATIBORRES Y ESCUCHA!

PIENSA EN CUANDO SEAS MAYOR. IRÁS A LA UNIVERSIDAD. SERÁS ALGUIEN.

¡ME CASARÉ CON ELLA!

¡¡IDIOTA!!

¡CÁLMESE! ¡NO ES PARA TANTO!

¡PAF!

ME VOY A MI CUARTO.

¿HOLA, PEYMAN?... ¿QUÉ?... ¿LA SEMANA QUE VIENE HAY UNA FIESTA?... VOY A PREGUNTARLE A MAMÁ.

¿OYE, EN LA ESCUELA TE HAN DADO LAS LLAVES DEL PARAÍSO?

¡¿LAS LLAVES DE QUÉ?!

¡MAMÁ, PEYMAN ME HA INVITADO A UNA FIESTA! ¿PUEDO IR?

DING DONG

¡OOOOH! ¡¡CHAHAB!!

¡HOLA!

¡HOLA!

CHAHAB ERA OTRO PRIMO MÍO. NO TUVO TANTA SUERTE. LA GUERRA HABÍA ESTALLADO CUANDO ESTABA HACIENDO EL SERVICIO MILITAR. LO MANDARON AL FRENTE INMEDIATAMENTE.

ESTOY DE PERMISO.

PASA, PASA, VOY A HACERTE UN TÉ.

ACABO DE HABLAR CON LA MUJER DE LA LIMPIEZA. ¡¡¿DICE QUE RECLUTAN SOLDADOS QUE AÚN SON NIÑOS?!!

ES TERRIBLE. TODOS LOS DÍAS VEO LLEGAR COCHES REPLETOS DE CHIQUILLOS DE REFUERZO.

JODER... ¿HAS VISTO ESO?

SE NOTA QUE VIENEN DE LUGARES DESFAVORECIDOS... LES PROMETEN EL ORO Y EL MORO EN EL MÁS ALLÁ, LOS PONEN A CANTAR PARA QUE ENTREN EN TRANCE...

...¡ES UNA LOCURA! LOS FANATIZAN Y LOS LANZAN A LA BATALLA. ES UNA CARNICERÍA...

LA LLAVE DEL PARAÍSO ERA PARA LOS POBRES. CON LA PROMESA DE UNA VIDA MEJOR, MILES DE JÓVENES SALTABAN POR LOS AIRES CON LA LLAVE AL CUELLO EN LOS CAMPOS MINADOS.

EL HIJO DE LA SEÑORA NASSRINE SE LIBRÓ, PERO EN SU BARRIO MUCHOS CHICOS CORRIERON ESTA SUERTE.

EN AQUELLA ÉPOCA, FUI A MI PRIMER GUATEQUE. MI MADRE NO SÓLO ME DEJÓ IR, SINO QUE ADEMÁS ME TEJIÓ UN JERSEY LLENO DE AGUJEROS Y ME HIZO UN COLLAR CON CADENAS Y CLAVOS. ERA LA ÉPOCA PUNK.

TENÍA UNA PINTA GENIAL.

EL VINO

DESPUÉS DE LAS CIUDADES FRONTERIZAS, EL OBJETIVO DE LAS BOMBAS FUE TEHERÁN. CON LA AYUDA DE LOS VECINOS DEL INMUEBLE, ACONDICIONAMOS LOS SÓTANOS. CADA VEZ QUE SONABAN LAS SIRENAS BAJÁBAMOS CORRIENDO...

¿APAGA EL CIGARRO, DICEN QUE ESA LUCECITA ROJA ES LO QUE MEJOR SE VE DESDE EL CIELO.

¡VAYA! ¡PERO SI ESTAMOS EN EL SÓTANO!

LOS SÓTANOS NO ERAN LO ÚNICO. EL INTERIOR DE LAS CASAS TAMBIÉN
CAMBIABA. PERO NO ERA SÓLO POR CULPA DE LOS AVIONES IRAQUÍES.

MAMÁ, ¿QUÉ HACES?

LA CINTA ADHESIVA ES PARA EVITAR QUE
ESTALLEN LOS CRISTALES DURANTE LOS
BOMBARDEOS Y LAS CORTINAS NEGRAS,
PARA QUE NO NOS VEAN LOS VECINOS.

¿QUÉ
VECINOS?

¡LOS DE ENFRENTE! SON
FERVIENTES SIMPATIZANTES
DEL RÉGIMEN. ¡BASTA QUE VEAN
LO QUE PASA EN CASA PARA QUE
NOS DENUNCIEN!

¿CONOCES
AL PADRE DE
TINOUCHE?

¿TINOUCHE? ¡SÍ!
¿QUÉ PASA?

LA OTRA NOCHE LE VISITARON DOS PATRULLAS
DE GUARDIANES DE LA REVOLUCIÓN.

NOS HAN AVISADO DE
QUE PIENSA HACER UNA
FIESTA. ¡YA SABE QUE
ESTÁ FORMALMENTE
PROHIBIDO!

EEH...

...EN SU CASA ENCONTRARON
DISCOS, CINTAS DE VÍDEO, UN JUEGO
DE CARTAS, UN AJEDREZ, EN FIN,
TODO LO QUE ESTÁ PROHIBIDO...

¡VENGA, SUBE,
RÁPIDO!

¡PERDÓN, SEÑOR!

¡CÁLLATE,
ZORRA!

...LE CAYERON SETENTA
Y CINCO LATIGAZOS.

SU MUJER LLORÓ
TANTO QUE AL FINAL LO
SOLTARON A CAMBIO DE UNA
GRAN CANTIDAD DE DINERO.
PERO NO PUEDE NI CAMINAR...
ENTIENDES POR QUÉ PONGO
LAS CORTINAS. CON LAS FIESTAS
QUE ORGANIZAMOS LOS JUEVES
Y LAS PARTIDAS DE CARTAS
DE LOS LUNES, TENEMOS QUE
SER PRUDENTES.

ES VERDAD QUE, A PESAR DE LAS AMENAZAS, LA FIESTA CONTINUABA. "PARA QUE ESTO SE HAGA SOPOR-
TABLE PSICOLÓGICAMENTE", DECÍAN UNOS. "SIN FIESTAS MÁS VALE QUE NOS ENTIERREN DIRECTAMENTE",
AÑADÍAN OTROS. CON MOTIVO DEL NACIMIENTO DE MI PRIMITO, NOS INVITARON A CASA DE MI TÍO. ESTABA
TODO EL MUNDO. HASTA MI ABUELA BAILABA.

¡RAYOS!
¡¡SE ACABÓ
LA ELECTRICIDAD!!

¡¡¡CUIDADO
DÓNDE
PISÁIS!!!

¡OOH! ¡SIN MÚSICA!

¡NO OS PREOCUPÉIS! VOY
A BUSCAR EL "ZARB".

EL ZARB ES UN TAMBOR. MI PADRE LO
TOCA MUY BIEN. ES TODO UN PROFESIONAL.

TENÍAMOS DE TODO. EN FIN, DE
TODO LO QUE ESTABA PROHIBIDO.
INCLUSO ALCOHOL A RAUDALES.

MI TÍO ERA EL SUMINISTRADOR
DE VINO. SE HABÍA CONSTRUIDO
UN AUTÉNTICO LABORATORIO DE
VINIFICACIÓN EN EL SÓTANO.

LA SEÑORA NASSRINE, QUE
TAMBIÉN ERA SU SEÑORA DE LA
LIMPIEZA, LE PISABA LAS UVAS.

¡QUE DIOS
ME PERDONE!
¡QUE DIOS
ME PERDONE!

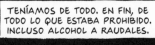

DE REPENTE, LAS SIRENAS VOLVIERON A AULLAR...

...IGUAL QUE MI TÍA.

ME ENCONTRÉ CON EL NIÑO EN BRAZOS.

RECIÉN NACIDO Y SU MADRE YA LO ABANDONABA.

DESDE ESE DÍA TENGO MIS DUDAS ACERCA DE ESO QUE LLAMAN "INSTINTO MATERNAL".

DESPUÉS DE LAS ALARMAS, VOLVIMOS A CASA.

¡ESTÁ COMPLETAMENTE LOCA! ¿HAS VISTO CÓMO HA SOLTADO AL BEBÉ? ¡ES VERDADERAMENTE INCREÍBLE!

MI POBRE HERMANO NO ES MUY AFORTUNADO.

¡ALTO!

¡ALTO!

¡VENGA, BAJA!

CARNET DE IDENTIDAD, LICENCIA DEL COCHE, PERMISO DE CONDUCIR.

OK, OK.

HAZ AAAAAAAAH.

AAAH...

¡¿Y ENCIMA HAS BEBIDO?!!

¡POR SUPUESTO QUE NO!

¡¡¿ME TOMAS EL PELO?!!!... ¡BASTA CON VER LA CORBATA! ¡GUSANO OCCIDENTALIZADO!

YA BASTA, MUCHACHO. HACE VEINTE AÑOS QUE TRABAJO PARA ESTE PAÍS, ¿CÓMO TE ATREVES A HABLARME ASÍ?

PERDÓNELE.

¡CÁLLATE!

PERDÓNELE. ESCUCHE... PODRÍA SER SU MADRE. ¿CUÁNTOS AÑOS TIENE? ¿DIECISÉIS?... TENEMOS UNA HIJA DE DOCE... PERDÓNELE...

¡SUERTE TIENES DE TU MUJER, SI NO YA ESTARÍAS EN EL INFIERNO!

¡GRACIAS! ¡MIL GRACIAS!

Y PRETENDES QUE CREA QUE NO HAS BEBIDO. VENGA, SUBE. VAMOS A COMPROBAR SI TIENES BOTELLAS EN CASA.

¡YAYA! ¡MARTI! CUANDO LLEGUEMOS, SUBID VOSOTRAS PRIMERO. INTENTARÉ RETENERLO. VACIAD TODAS LAS BOTELLAS DE ALCOHOL.

¿CÓMO?

NO TE PREOCUPES, HIJA. ¡GRACIAS A TU DIFUNTO PADRE, YA ESTOY ACOSTUMBRADA! SIEMPRE TENÍA QUE ANDAR ESCONDIENDO SUS OCTAVILLAS.

ASÍ QUE NOS SIGUIERON HASTA CASA.

A LO MEJOR NO ES NECESARIO SUBIR A MI CASA. EL VECINO DEL RELLANO ES MAYOR Y SUFRE DEL CORAZÓN. SI HACEMOS RUIDO PUEDE MORIR...

¡VENGA, MARCHAOS!

¡EH! ¿DÓNDE VAIS VOSOTRAS DOS?

SOY DIABÉTICA, HIJO. SI NO BEBO UN POCO DE JARABE ME DESMAYARÉ.

¿DIABÉTICA? ¡COMO MI MADRE!

¿ENTONCES LO ENTIENDE? ¡ES URGENTE!

VAYA.

FUE UN MILAGRO.

¡VENGA! ¡DATE PRISA! ¡NO SÉ CUÁNTO TIEMPO PODRÁ RETENERLO TU PADRE!

¡RÁPIDO! ¡RÁPIDO!

Y EL TOQUE FINAL.

¡CLIC!

¡YA LLEGAN!

BUENO, ¿DÓNDE ESTÁ EL OTRO?

¡VAYA INDIVIDUO! ¡SUS CREENCIAS NO TIENEN NADA DE IDEOLÓGICAS! ¡¡BASTA CON UNOS POCOS BILLETES PARA OLVIDARLO TODO!!

¿LO HABÉIS TIRADO TODO?

SÍ.

¿TODO?

TODO.

¡DIOS MÍO!... NECESITO UN RECONSTITUYENTE...

DESPUÉS DE DOS AÑOS, LA GUERRA SE HABÍA INSTALADO. NOS HABÍAMOS ACOSTUMBRADO. YO HABÍA CRECIDO Y TENÍA INCLUSO AMIGAS MAYORES QUE YO.

AYER, EN LAS NOTICIAS, DIJERON QUE NUESTROS AVIONES HABÍAN DESTRUIDO TRECE AVIONES IRAQUÍES. JUSTO DESPUÉS, EN LA B.B.C., OÍ QUE HABÍAN SIDO LOS IRAQUÍES LOS QUE HABÍAN ABATIDO DOS AVIONES NUESTROS.

ESTÁ CLARO. TODOS LOS DÍAS ANUNCIAN QUE HEMOS DESTRUIDO DIEZ AVIONES Y CINCO TANQUES IRAQUÍES. DESDE QUE ESTALLÓ LA GUERRA, ESO HACE UN TOTAL DE SEIS MIL AVIONES Y TRES MIL TANQUES. NI LOS AMERICANOS TIENEN TANTO ARMAMENTO.

?

¡ES VERDAD! SE LO CONTARÉ A MI PADRE.

RINGGG...

EH, ES EL TIMBRE, ¿NO TENÉIS CLASE?

NO, TENEMOS DEPORTE PERO NO VAMOS. PREFERIMOS IR A COMER HAMBURGUESAS.

¿HAMBURGUESAS?

TAMBIÉN HACEN SALCHICHAS.

BASTABA UN POCO DE DINERO.

¡SÍ! EN EL "KANSAS" DE LA AVENIDA JORDÁN.

NO ME MIRES ASÍ, VAMOS A HACER PELLAS.

¡¡¡¿¿PELLAS??!!!

¡JA, JA, JA, JA! ¡¡

¡JA, JA, JA!

SI QUERÍA SER AMIGA DE CHICAS DE CATORCE AÑOS, TENÍA QUE SER ATREVIDA.

NO ERA NINGUNA GALLINA. ASÍ QUE ME FUI CON ELLAS.

DESPUÉS DE LA PARTICIPACIÓN NO AUTORIZADA EN LA MANIFESTACIÓN DEL 79, FUE LA SEGUNDA VEZ QUE INFRINGÍ LA LEY.

LA AVENIDA JORDÁN ERA EL LUGAR DE ENCUENTRO PARA LOS ADOLESCENTES DEL NORTE DE TEHERÁN (LOS BARRIOS ACOMODADOS). EL KANSAS ERA SU TEMPLO.

ALGUNOS LUGARES PÚBLICOS HABÍAN SOBREVIVIDO A LA REPRESIÓN DEL RÉGIMEN, PUEDE QUE PARA DEJARNOS ALGÚN ESPACIO DE LIBERTAD O POR PURA IGNORANCIA. PERSONALMENTE, ME INCLINO POR LA SEGUNDA TEORÍA: NI SIQUIERA DEBÍAN DE SABER QUÉ SIGNIFICABA "KANSAS".

¿HAS VISTO QUÉ PELOS? ¡PARECE ROD STEWART!

¡SÍ, SI LO PILLAN LO RAPARÁN AL CERO!

...A PESAR DE TODO, LOS JÓVENES SEGUÍAN LA MODA A RIESGO DE SER ARRESTADOS.

A MIS AMIGAS NO LES INTERESABAN LAS HAMBURGUESAS...

CON ALGUNAS SEÑALES, HICIERON ENTENDER A AQUELLOS CHICOS QUE PODÍAN SEGUIRNOS.

BUENO, SEGUIRLAS. YO ERA DEMASIADO PEQUEÑA PARA QUE SE INTERESARAN POR MÍ.

WOOINN

...SONARON LAS SIRENAS.

¡¿PERO QUÉ HACES?!

¡AL SUELO!

NOS HABÍAN ENSEÑADO QUE SI ESTÁBAMOS EN LA CALLE MIENTRAS SE PRODUCÍA UN BOMBARDEO, DEBÍAMOS TUMBARNOS JUNTO A UN BORDILLO PARA PROTEGERNOS.

¡JA! ¡QUÉ GALLINA!

MI MADRE ESTROPEÓ AQUELLA BELLA JORNADA.

¿CÓMO HA IDO LA ESCUELA?

¡BIEN! ¿POR QUÉ?

¿CÓMO TE ATREVES A MIRARME A LOS OJOS Y MENTIRME?

¡NO MIENTO!

¿ENTONCES LA QUE SE HA SALTADO LA CLASE HE SIDO YO?

¿QUÉ CLASE?

¡O ME DICES LA VERDAD AHORA MISMO O TENDRÁS EL DOBLE DE CASTIGO!

MI MADRE USABA LOS MISMOS MÉTODOS QUE LOS TORTURADORES.

¡PERO SI SÓLO ERA LA CLASE DE RELIGIÓN!

¡ME DA IGUAL! ¡NO FALTES A CLASE!

¡ADEMÁS, SIGUES MINTIÉNDOME! ME HAN LLAMADO DE LA ESCUELA. ¡ESTA TARDE TENÍAS LENGUA!

DIJE RELIGIÓN PARA ATENUAR LA CÓLERA DE MI MADRE. PERO NO FUNCIONÓ.

ESTA VEZ TE HE ENCUBIERTO, ¡PERO ES LA ÚLTIMA! ES AHORA CUANDO DEBES APRENDER. ¡TIENES TODA LA VIDA PARA DIVERTIRTE! ¿¿QUÉ QUIERES LLEGAR A SER?? ¡¡EN ESTE PAÍS TIENES QUE SABERLO TODO MEJOR QUE NADIE PARA SOBREVIVIR!!

¿TÚ CONOCISTE A PAPÁ A LOS CATORCE AÑOS, VERDAD?

¡AÚN NO TIENES CATORCE AÑOS!

¡PERO TENGO DOCE!

¡DICTADOR! ¡¡ERES EL GUARDIÁN DE LA REVOLUCIÓN DE CASA!!

?

UN POCO MÁS TARDE...

EL EJÉRCITO IRANÍ HA RECUPERADO LA CIUDAD DE KHORAMSHAHR.

ES LA CUARTA VEZ EN UN MES.

Y AUNQUE SEA VERDAD, ¿DE QUÉ VA A SERVIRNOS?

¿PUEDO BAJAR AL SÓTANO, SEÑORA?

¡SÍ, SEÑORITA!

EL SÓTANO AMUEBLADO ERA MI REFUGIO.

CLIC

LA HISTORIA DE LA RECUPERACIÓN DE LA CIUDAD DE KHORAMSHAHR SE CONFIRMÓ. TODOS CREÍMOS QUE LA GUERRA POR FIN SE IBA A ACABAR.

ADEMÁS, IRAQ NOS LO PROPUSO Y ARABIA SAUDITA SE COMPROMETÍA A PAGAR TODOS LOS DESTROZOS DE LA GUERRA PARA REINSTAURAR LA PAZ EN LA REGIÓN.

PERO NUESTRO GOBIERNO SE OPUSO.

DECLARARON:

¡RECHAZAMOS ESTA PAZ IMPUESTA!

¡CONQUISTAREMOS KARBALA!*

*CIUDAD SANTA CHIITA IRAQUÍ.

ASÍ QUE NOS HUNDIMOS AÚN MÁS EN LA GUERRA...

HABÍA ESLÓGANES BÉLICOS EN TODAS LAS PAREDES.

EL QUE MÁS ME MARCÓ POR SU IMAGINERÍA SANGRIENTA FUE: "MORIR COMO MÁRTIR ES INYECTAR SANGRE EN LAS VENAS DE LA SOCIEDAD".

LÓGICAMENTE, EL RÉGIMEN SE ENDURECIÓ...

EN NOMBRE DE LA GUERRA, SE ELIMINÓ AL ENEMIGO INTERIOR.

LOS OPOSITORES AL RÉGIMEN FUERON ARRESTADOS SISTEMÁTICAMENTE.

Y EJECUTADOS EN MASA.

POR MI PARTE, CONCLUÍ MI ACTO DE REBELIÓN CONTRA LA DICTADURA DE MI MADRE FUMÁNDOME EL CIGARRO QUE LE HABÍA QUITADO A MI TÍO DOS MESES ANTES.

¡COFFF! ¡COFFF! ¡¡¡COFFF!!!

NO ESTABA MUY BUENO, PERO NO ERA EL MOMENTO DE CEDER.

AQUEL PRIMER CIGARRO ME SACABA DEFINITIVAMENTE DE LA INFANCIA.

YA ERA MAYOR.

 # EL PASAPORTE

JULIO DE 1982. ESTÁBAMOS EN CASA DE MI TÍA. LA GUERRA INTERNA SE HABÍA IMPUESTO SOBRE LA GUERRA CONTRA IRAQ. TODA PERSONA QUE MOSTRARA RETICENCIA ANTE EL RÉGIMEN ERA PERSEGUIDA...

AL PARECER HAY MUCHOS OPOSITORES EN NUESTRO BARRIO. SE OYEN FUSILA-MIENTOS TODOS LOS DÍAS.

¡TAHER, DEJA DE FUMAR!

LOS CIGARRILLOS NO ME HACEN DAÑO COMPARADO CON EL ESTRÉS QUE ME PROVOCA CADA DISPARO QUE OIGO.

DESDE QUE MANDÓ A SU HIJO PEQUEÑO A HOLANDA, MI TÍO TAHER HABÍA SUFRIDO DOS INFARTOS. TENÍA TERMINANTEMENTE PROHIBIDO FUMAR.

EL CARNICERO ME HA CONTADO QUE VIO CÓMO EJECUTABAN A DOS CHAVALES EN PLENA CALLE, SIN JUZGARLOS. ¡QUÉ VERGÜENZA!

CUANDO LO PIENSO, ME ALEGRO DE QUE MI HIJO ESTÉ SEGURO EN EL EXTRANJERO. PERO CON LAS FRONTE-RAS CERRADAS, ME PREGUNTO SI VOLVERÉ A VERLO ALGÚN DÍA...

LAS FRONTERAS ESTUVIERON CERRADAS DURANTE TRES AÑOS, ENTRE 1980 Y 1983.

LE HE DICHO A MI SEÑORA DIEZ VECES: "¡VAMOS CON ÉL!", PERO NO HA QUERIDO. ¡EL PAÍS POR AQUÍ Y LA FAMILIA POR ALLÁ!

¡EN FIN! YA TENGO CINCUENTA Y NUEVE AÑOS. ESOS POBRES JÓVENES DE VEINTE AÑOS A LOS QUE ELIMINAN, ESO ME MATA... ¡ME MATA!

MI TÍO TAHER ESTABA TAN TRISTE QUE RESULTABA CONMOVEDOR. NADIE SE ATREVIÓ A DECIR NI UNA PALABRA.

MI TÍO TAHER ACABABA DE TENER SU TERCER INFARTO. FUIMOS AL HOSPITAL INMEDIATAMENTE...

FRENTE AL HOSPITAL NOS TOPAMOS CON LOS CAMIONES DE LA MEDIA LUNA ROJA QUE PEDÍAN SANGRE PARA LOS HERIDOS DE GUERRA. HABÍA MUCHÍSIMOS.

¡DONAD SANGRE! ¡DONAD SANGRE!

¡DONAD SAN- GRE!

ESTABA ENFADADA E INCÓMODA A LA VEZ.

AQUELLOS SENTIMIENTOS CRECIERON DENTRO DEL HOSPITAL.

BUSCO LA HABITACIÓN DEL SEÑOR TALISCHI.

TALISCHI... LA 342, 3ᵉʳ PISO, ASCENSOR AL FONDO DEL PASILLO A LA DERECHA.

342

HAN LANZADO UNA GRANADA... QUERÍAN ARRESTAR A UNOS COMUNISTAS QUE SE ESCONDÍAN CERCA DE NUESTRA CASA Y HAN LANZADO UNA GRANADA... TAHER NO HA PODIDO SOPORTARLO... CUANDO HE LLEGADO AL SALÓN ESTABA TENDIDO EN EL SUELO...

TIENEN QUE OPERARLO A CORAZÓN ABIERTO, PERO NO HAY MEDIOS. DICEN QUE HAY QUE ENVIARLO A INGLATERRA.

PARA ESO LE HACE FALTA UN PERMISO. ME HAN DADO ESTE NOMBRE. ES EL DIRECTOR ADMINISTRATIVO DEL HOTEL. SI ÉL QUIERE, TAHER TENDRÁ UN PASAPORTE PARA IR ALLÍ.

LAS FRONTERAS ESTABAN CERRADAS, SÓLO LAS PERSONAS GRAVEMENTE ENFERMAS PODÍAN DEJAR EL PAÍS CON UN PERMISO DEL MINISTERIO DE SANIDAD.

ES EN EL 4° PISO, PUERTA 406.

SÓLO DEJARON ENTRAR A MI TÍA. SE LLEVÓ UNA SORPRESA. EL DIRECTOR ERA SU ANTIGUO LIMPIACRISTALES PERO ELLA DISIMULÓ, PARA NO HERIRLO.

MI MARIDO HA TENIDO UN INFARTO POR TERCERA VEZ. TIENEN QUE OPERARLO EN EL EXTRANJERO.

MMM...

HAREMOS LO QUE PODAMOS. SI DIOS QUIERE, SE CURARÁ. ¡TODO DEPENDE DE DIOS!

¡NECESITO SU AUTORIZACIÓN PARA QUE OBTENGA UN PASAPORTE!

DIOS LO QUIERA.

¡ESE ESTÚPIDO LIMPIACRISTALES SE HA DEJADO BARBA Y SE HA PUESTO UN COSTARD Y AHORA ES DIRECTOR! ¡EL DESTINO DE MI MARIDO DEPENDE DE UN LIMPIACRISTALES! ¡AHORA ES TAN RELIGIOSO QUE NI SIQUIERA MIRA A LAS MUJERES A LOS OJOS! ¡¡¡POBRE IDIOTA!!!

DESPUÉS DEL DIRECTOR, FUIMOS A VER AL JEFE DEL SERVICIO, EL DOCTOR FATHI.

SEÑORA, HAREMOS LO QUE PODAMOS. PADECEMOS UNA DRAMÁTICA FALTA DE MEDIOS.

FÍJESE EN ESTA SALA. ¡SON TODOS VÍCTIMAS DE LOS BOMBARDEOS QUÍMICOS!

LOS ALEMANES VENDEN BOMBAS QUÍMICAS A IRÁN Y A IRAQ. DESPUÉS LOS HERIDOS SON ENVIADOS A ALEMANIA PARA CURARLOS. COMO AUTÉNTICAS COBAYAS HUMANAS.

¡¿POR QUÉ ME CUENTA ESO?! ¡ME TRAE SIN CUIDADO! ¡QUIERO QUE MI MARIDO SE CURE!

CÁLME- SE.

TRANQUILA, QUERIDA, TODO SE ARREGLARÁ. NO TE PREOCUPES.

¡AHORA MISMO VOLVEMOS!

FUIMOS A VER A UN CONOCIDO DE MI PADRE, KHOSRO. SU HERMANO Y MI TÍO ANOUCHE HABÍAN ESTADO JUNTOS EN LA CÁRCEL EN LA ÉPOCA DEL SHA.

¿EBI? ¿EL HERMANO DE ANOUCHE? ¡PASA, PASA!

DESDE QUE ME CERRARON LA EDITORIAL, HAGO PASAPORTES FALSOS. SE VENDEN BIEN. ¿QUIERES UNO?

NO, YO NO, MI CUÑADO.

DESPUÉS DE SU LIBERACIÓN, MI HERMANO PARTICIPÓ EN LAS MANIFESTACIONES CONTRARREVOLUCIONARIAS. ME DIJO QUE VIO CON SUS PROPIOS OJOS QUE EL JEFE DE LOS NUEVOS VERDUGOS ERA SU ANTIGUO TORTURADOR CON EL SHA. ME DIJO: "KHOSRO, ESTO ES EL FIN". LE HICE UN PASAPORTE FALSO. AHORA ES UN REFUGIADO POLÍTICO EN SUECIA.

FÍJATE EBI, ¡UN MES PARA FABRICAR SÓLO EL SELLO!

¿CUÁNTO TIEMPO NECESITAS PARA HACER UN PASAPORTE?

UNA SEMANA.

ÑIIC...

PUEDES ENTRAR. SON AMIGOS.

ES NILOUFAR. LA HERMANA DE MI ANTIGUO RECADERO. LA ESTÁN BUSCANDO POR TODAS PARTES PORQUE ES COMUNISTA. LE HE PRESTADO MI SÓTANO.

TIENE LA EDAD DE MI HIJA MANDANA, DIECIOCHO AÑOS.

KHOSRO TENÍA UNA HIJA QUE HABÍA ABANDONADO EL PAÍS CON SU MADRE JUSTO DESPUÉS DE LA REVOLUCIÓN.

YA HAN REGISTRADO LAS CASAS DE TODOS LOS MIEMBROS DE SU FAMILIA. SÓLO AQUÍ ESTÁ SEGURA.

DESPUÉS DE NEGOCIAR, KHOSRO ACEPTÓ HACER UN PASAPORTE EN CINCO DÍAS A CAMBIO DEL EQUIVALENTE A CIENTO CINCUENTA EUROS. VOLVIMOS AL HOSPITAL UN POCO MÁS TRANQUILOS.

¿QUÉ TAL?

HE IDO A VER A KHOSRO. LE HARÁ UN PASAPORTE A TAHER PARA EL MIÉRCOLES.

HA RECUPERADO EL CONOCIMIENTO. QUIERE VEROS.

¡YA LO VEIS! ¡ESTO NO ME LO HAN HECHO LOS CIGARRILLOS! PUTA GRANADA...

DÉJALO, NO TE PONGAS NERVIOSO. HABLA DE OTRA COSA.

LA PEQUEÑA MARJI, MIRAD CÓMO CRECE. ALGÚN DÍA SE IRÁ, Y OS DARÉIS CUENTA DE LO DURO QUE ES PERDERLOS...

SÓLO TENGO UN DESEO. VOLVER A VER A MI HIJO.

DOS DÍAS DESPUÉS DESCUBRIERON A NILOUFAR, LA COMUNISTA DE DIECIOCHO AÑOS...

ARRESTADA...

Y EJECUTADA.

KHOSRO ENCONTRÓ SU CASA PATAS ARRIBA...

SE ESCAPÓ POR LAS MONTAÑAS DE TURQUÍA...

Y SE EXILIÓ A SUECIA, CON SU HERMANO.

NO PUDO HACER EL PASAPORTE.

TRES SEMANAS DESPUÉS DE ESTOS ACONTECIMIENTOS, ENTERRAMOS A MI TÍO TAHER, EL MISMO DÍA QUE LE DABAN UN PASAPORTE AUTÉNTICO...

...NO VOLVIÓ A VER A SU HIJO...

UN AÑO DESPUÉS DE LA MUERTE DE MI TÍO, SE REABRIERON LAS FRONTERAS. MIS PADRES SE APRESURARON A CONSEGUIR UNOS PASAPORTES.

FÍJATE, EN LA ÚLTIMA PÁGINA PONE: "ESTÁ ESTRICTAMENTE PROHIBIDO VIAJAR A LA PALESTINA OCUPADA CON ESTE DOCUMENTO".

¡AY, AY! CUANDO ME VEO EN FOTO CON ESTE PAÑUELO EN LA CABEZA...

¿PUEDO VERLO?

LA VERDAD ES QUE NO PARECÍA MUY CONTENTA. ADEMÁS, NO SE LA RECONOCÍA.

¡CUANDO TENGA MI PASAPORTE HAREMOS UN GRAN VIAJE!

ES QUE...

NECESITAMOS ESTAR LOS DOS SOLOS, TRES O CUATRO DÍAS.

¿ADÓNDE VAIS?

A TURQUÍA.

BAH... ¡TURQUÍA NO VALE NADA! SÓLO VAN LOS HORTERAS. YA QUE VIAJÁIS PODRÍAIS IR MÁS LEJOS. ¡A EUROPA O A LOS ESTADOS UNIDOS, POR EJEMPLO!

SI QUIERES QUE TE TRAIGAMOS UN REGALO, DÍNOSLO.

¿Y QUÉ ME VAIS A TRAER DE TURQUÍA? ¿UNOS SHAWARMAS?

MARJI, TODO LO QUE TE PARECE MODERNO AQUÍ VIENE DE ALLÍ.

DURANTE LA GUERRA, IRÁN NO IMPORTABA NADA DE OCCIDENTE.

UNA CHAQUETA TEJANA, CHOCOLATE, UN PÓSTER, NO, DOS, UNO DE KIM WILDE Y OTRO DE IRON MAIDEN...

¿IRON MAIDEN? ¿ESOS CUATRO ANIMALES?

NO SON UNOS ANIMALES. ME GUSTAN MUCHO.

¿TE GUSTAN?

¡ME ENCANTAN!

¿LOS HAS VISTO?

LO PRIMERO QUE HICIERON AL LLEGAR A ESTAMBUL FUE COMPRARME LOS DOS PÓSTERS.

¡ESTOY TAN CONTENTA DE QUE HAYAMOS PODIDO ENCONTRAR EXACTAMENTE LO QUE QUERÍA!

¡POR SUPUESTO! ¡LOS CHAVALES LO TIENEN TAN DURO EN IRÁN! ¡POBRECITOS!

OYE, ¿DE VERDAD TE GUSTA IRON MAIDEN?

¡EN ABSOLUTO!

¡QUÉ HIPÓCRITA!

¡ME PREGUNTO CÓMO PODREMOS PASARLOS POR LA ADUANA!

HACE RATO QUE LO PIENSO. LA VERDAD ES QUE SON ENORMES.

EN CUANTO LLEGARON AL HOTEL, SE PUSIERON A BUSCAR LA MANERA.

¡PODRÍAMOS DOBLARLOS Y ESCONDERLOS EN EL FONDO DE LA MALETA!

¿DOBLARLOS? QUEDARÁN MARCAS, Y NO LE GUSTARÁ.

PODRÍAMOS LLEVARLOS DEBAJO DEL BRAZO Y HACER COMO SI NADA.

¡QUÉ CONFIANZA!

ENTONCES MI MADRE TUVO UNA IDEA INGENIOSA...

QUÍTATE EL ABRIGO.

ARRANCÓ EL FORRO...

DESPUÉS COSIÓ LOS DOS PÓSTERS
DETRÁS DEL FORRO...

QUE VOLVIÓ A COSER AL ABRIGO.

DE REGRESO, EN EL AEROPUERTO MEHRABAD DE TEHERÁN.

CAMINO COMO FRANKENSTEIN.

CLARO QUE NO, ESTÁS MUY NATURAL.

PONGAN LAS MALETAS SOBRE LA MESA.

¡TRANQUILA!

¿BUENO, QUÉ LLEVAN? ¿ALCOHOL, JUEGOS DE CARTAS, MÚSICA, PELÍCULAS, AJEDREZ, REVISTAS...?

¡NADA! ¡SÓLO OBJETOS PERSONALES!

¿ESTÁN SEGUROS DE QUE NO LLEVAN NADA PROHIBIDO?

NO.

¡NO, NO!

YA SABEN QUE SI ENCUENTRO ALGO PROHIBIDO LES...

PERO BUENO, SEÑOR, ¿ES QUE PARECEMOS CONTRABANDISTAS?

...

...¡VENGA, CIERREN LAS MALETAS Y MÁRCHENSE!

CUSTOM گمرک

EXIT خروج →

?

¡MAMÁ! ¡PAPÁ!

DE VUELTA EN CASA.

TOMA, ESTO ES PARA TI. ES EL ÚLTIMO MODELO DE NIKE.

ESTO TAMBIÉN.

UAUUH... ¡MICHAEL JACKSON!

LA CHAQUETA TEJANA.

¡QUÉ GUAY!

¿Y LOS PÓSTERS?

¡EBI! ¡TRAE TU ABRIGO!

?

¡FÍJATE BIEN!

¡¡OS HABÍA PEDIDO PÓSTERS, NO FOTOS!!

¡ESPERA, IMPACIENTE!

¡¡QUÉ BIEN!!

¡PAPÁ! ¡ERES UN GENIO!

DALE LAS GRACIAS A TU MADRE; FUE IDEA SUYA.

!!

¡GRACIAS, MAMÁ! ¿QUÉ TAL POR TURQUÍA?

¡BIEN! HACÍA UN POCO DE FRÍO, PERO HA ESTADO BIEN...

ADORABA TURQUÍA.

COLGUÉ LOS PÓSTERS EN MI HABITACIÓN.

ME PUSE MIS NIKE 1983...

...MI CHAQUETA TEJANA CON LA CHAPA DE MICHAEL JACKSON Y EL PAÑUELO, POR SUPUESTO, PARA SALIR.

¿QUÉ, CÓMO ME VES?

¡BIEN, QUÉ GUAPA!

BUENO, ME VOY.

¿ADÓNDE VAS?

A COMPRAR CASETES.

¿DÓNDE?

A LA AVENIDA GANDHI, AQUÍ AL LADO...

¡VUELVE EN UNA HORA!

VUELVO DENTRO DE DOS HORAS.

PARA SER UNA MADRE IRANÍ, MI MADRE ERA MUY PERMISIVA. APARTE DE MÍ, SÓLO CONOCÍA A DOS O TRES CHICAS MÁS QUE PUDIERAN SALIR A LA CALLE SOLAS A LOS TRECE AÑOS.

EL PROBLEMA DE LA COMIDA SE HABÍA RESUELTO DESDE HACÍA UN AÑO GRACIAS AL CRECIMIENTO DEL MERCADO NEGRO. SIN EMBARGO, ENCONTRAR CASETES ERA UN POCO MÁS COMPLICADO. SE PODÍAN COMPRAR EN LA AVENIDA GANDHI.

COMPRÉ UN CASETE DE KIM WILDE Y UNO DE CAMEL.

ERAN LAS GUARDIANAS DE LA REVOLUCIÓN. A PARTIR DE 1982, ESTA CATEGORÍA SE UNIÓ A LA DE LOS HOMBRES PARA ARRESTAR A LAS MUJERES QUE NO LLEVABAN EL VELO CORRECTAMENTE (COMO YO, POR EJEMPLO).

SU TAREA ERA RECONDUCIRNOS POR EL BUEN CAMINO EXPLICÁNDONOS LOS DEBERES DE LA MUJER MUSULMANA.

¿QUÉ SON ESAS ZAPATILLAS DE PUNK?

¿QUÉ ZAPATILLAS DE PUNK?

¡ÉSAS!

¡PERO SI SON DEPORTIVAS!

¡CÁLLATE! SON PUNK.

ES EVIDENTE QUE NO HABÍA VISTO NUNCA A UN PUNK.

¡TENÍA QUE MENTIR! NO ME QUEDABA OTRA ALTERNATIVA.

LLEVO ESTAS ZAPATILLAS PORQUE JUEGO A BALONCESTO.

ESTOY EN EL EQUIPO DE LA ESCUELA.

SÍ, SÍ... ¡SÓLO HAY QUE VER TU ALTURA!

¡¿Y TAMBIÉN JUEGAS A BALONCESTO CON ESTA CHAQUETA?!

¿QUÉ ESTOY VIENDO? ¿MICHAEL JACKSON? ¿UN SÍMBOLO DE LA DECADENCIA?

ES MALCOLM X, EL JEFE DE LOS NEGROS MUSULMANES AMERICANOS.

¿ME TOMAS EL PELO? ¡ES MICHAEL JACKSON!

¿QUIÉN ES ÉSE? ¡NO LO CONOZCO!

POR AQUEL ENTONCES, MICHAEL JACKSON TODAVÍA ERA NEGRO.

¡BÁJATE EL PAÑUELO, PUTITA!

¡¿NO TE DA VERGÜENZA LLEVAR UNOS TEJANOS AJUSTADOS COMO ÉSTOS?!

¡¡SE HAN ENCOGIDO!!

VENGA, MONTA EN EL COCHE. VAMOS A LLEVARTE AL COMITÉ.

EL COMITÉ ERA LA COMISARÍA DE LOS GUARDIANES DE LA REVOLUCIÓN.

EN EL COMITÉ PODÍAN NO AVISAR A MIS PADRES, PODÍAN RETENERME UNAS HORAS O UNOS DÍAS, PODÍAN AZOTARME; EN DEFINITIVA, PODÍA PASARME CUALQUIER COSA. TENÍA QUE ACTUAR.

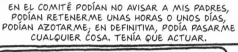

¡PERDÓN, SEÑORA! NO VOLVERÉ A HACERLO...

¡SUBE AL COCHE!

¡SEÑORA! MI MADRE ESTÁ MUERTA. SE OCUPA DE MÍ UNA MADRASTRA MUY MALA. SI NO VUELVO A CASA AHORA MISMO ME MATARÁ...

¡ME QUEMARÁ CON LA PLANCHA!

OBLIGARÁ A MI PADRE A METERME EN UN ORFANATO.

NO SÉ SI ME CREYÓ O SI LO DISIMULÓ PERO, DE MILAGRO, ME DEJÓ MARCHAR.

EN CASA...

¡MARJI! ¿QUÉ PASA? ¿HAS ESTADO LLORANDO?

NO, MAMÁ, ESTOY CANSADA. ME VOY A MI CUARTO.

NO PODÍA CONTARLE LA VERDAD A MI MADRE. NO ME HABRÍA DEJADO SALIR SOLA NUNCA MÁS.

DE TODAS FORMAS, SALÍ DE AQUÉLLA BASTANTE BIEN. LAS GUARDIANAS DE LA REVOLUCIÓN NO ME ENCONTRARON LOS CASETES.

♫ WE ARE THE KIDS IN AMERICA UUUU ♫

CADA UNO SE RELAJA COMO PUEDE.

EL SABBAT

PARA QUE NO OLVIDÁRAMOS QUE ESTÁBAMOS EN GUERRA, IRAQ OPTÓ POR UNA NUEVA ESTRATEGIA...

AL PARECER QUIEREN ATACARNOS CON MISILES BALÍSTICOS.

¿QUÉ DICES? NO ESTAMOS EN GUERRA CON LA UNIÓN SOVIÉTICA. NO CREO QUE LOS IRAQUÍES TENGAN ESE TIPO DE ARMAS.

DESDE LA FRONTERA IRAQUÍ A TEHERÁN HAY MILES DE KILÓMETROS. ¡LOS MISILES CAPACES DE RECORRER ESA DISTANCIA CUESTAN UNA FORTUNA!

¡SON RUMORES QUE CORREN!

LOS IRANÍES SOMOS CAMPEONES MUNDIALES DEL COTILLEO.

¡TIENE RAZÓN! ¡NOS ENCANTA EXAGERARLO TODO!

PUES EN TU CASO, PARECE LO CONTRARIO.

¿POR QUÉ LO DICES?

BUENO, HASTA CUANDO VES ALGO CON TUS PROPIOS OJOS, NECESITAS QUE LA B.B.C. LO CONFIRME.

¡ES LA INCREDULIDAD QUE SURGE DE MI OPTIMISMO NATURAL!

EL OPTIMISMO DE MI PADRE FUE REEMPLAZADO MUY PRONTO POR EL PESIMISMO DE MI MADRE. PORQUE, EN EFECTO, LOS IRAQUÍES POSEÍAN MISILES CONOCIDOS COMO "SKUD". TEHERÁN SE CONVIRTIÓ EN SU OBJETIVO.

DESDE QUE SONABAN LAS SIRENAS, TENÍAMOS TRES MINUTOS PARA SABER SI LLEGABA EL FIN.

¿NO VAMOS AL SÓTANO?

¡¡ES INÚTIL!!

CON EL DAÑO QUE CAUSAN, SI NOS CAE UNO ENCIMA, LO MISMO DA QUE ESTEMOS EN EL SÓTANO QUE EN CASA.

ESOS TRES MINUTOS DE ESPERA SE NOS HACÍAN ETERNOS. POR PRIMERA VEZ TOMÉ CONCIENCIA DEL PELIGRO QUE CORRÍAMOS.

¡¡BOUM!!

¡NO QUIERO MORIR!

NO PASARÁ NADA, QUERIDA. ¡TE LO PROMETO!

CON TEHERÁN DESPROTEGIDA LLEGÓ EL ÉXODO. LA CIUDAD ESTABA DESIERTA. NOSOTROS NOS QUEDAMOS, PERO NO POR FATALISMO. PARA MIS PADRES, SI HABÍA UN FUTURO, ÉSTE PASABA POR MI EDUCACIÓN FRANCESA Y SÓLO PODÍA RECIBIRLA EN TEHERÁN.

OTROS HABITANTES MENOS INCONSCIENTES BUSCARON REFUGIO EN LOS SUBTERRÁNEOS DE LOS GRANDES HOTELES, FAMOSOS POR SU SEGURIDAD. AL PARECER, SU ESTRUCTURA DE CEMENTO ARMADO PODÍA RESISTIR CUALQUIER BOMBA.

COMO NUESTROS VECINOS, LOS BABA-LEVY. ERAN DE LOS POCOS JUDÍOS QUE NO HABÍAN DEJADO IRÁN DESPUÉS DE LA REVOLUCIÓN. EL SEÑOR BABA-LEVY DECÍA QUE SUS ANCESTROS ESTABAN AQUÍ DESDE HACÍA TRES MIL AÑOS Y QUE ÉSTA ERA SU CASA.

...SU HIJA NEDA ERA UNA CHICA UN POCO TACITURNA, A LA QUE NO LE GUSTABA MUCHO JUGAR, AUNQUE DE VEZ EN CUANDO ELLA Y YO HABLÁBAMOS DE AMOR.

...ALGÚN DÍA VENDRÁ UN PRÍNCIPE RUBIO CON LOS OJOS AZULES Y ME LLEVARÁ A SU CASTILLO...

¡SÍ! ¡Y A MÍ TAMBIÉN!

BUENO, LA VIDA SEGUÍA...

...Y UN DÍA COMO LOS DEMÁS:

¿MAMÁ, ME DAS DINERO? QUIERO COMPRARME UN TEJANO Y UNAS ALPARGATAS.

¿CUÁNTO QUIERES?

MIL, MIL DOSCIENTOS TUMANES.

¿MIL TUMANES?

PUES SÍ. ES LO QUE CUESTAN.

¡VAYA!

NUESTRO DINERO HABÍA PERDIDO TODO SU VALOR. POR EJEMPLO, UN DÓLAR, QUE VALÍA 7 TUMANES EN TIEMPOS DEL SHA, CUATRO AÑOS MÁS TARDE HABÍA SUBIDO HASTA LOS 110 TUMANES. AQUEL CAMBIO ERA TAN BRUTAL PARA MI MADRE QUE LE COSTABA ACEPTARLO.

FUI CON MI AMIGA SHADI.

¿BUENO, CÓMO ME QUEDA?

¡TE ESTÁ ESTUPENDO!

BIEN, ME QUEDO EL TEJANO Y ESTOS PENDIENTES.

¡YO QUIERO ESTE ANILLO!

ESTÁBAMOS EN PLENA EUFORIA DE COMPRAS CUANDO, DE REPENTE...

¡¡¡BOUM!!!

ACABA DE CAER UN MISIL EN EL BARRIO DE TAVANIR.

¿QUÉ?

TAVANIR ERA MI BARRIO.

بار اد نیو و اتایق

¡EL TEJANO!

CREO QUE SI ME HUBIERAN CRONOMETRADO HABRÍA SUPERADO EL RÉCORD DEL MUNDO DE VELOCIDAD.

¡TAXI!

VENGA, DESE PRISA...

UNA MULTITUD SE AGOLPABA DELANTE DE NUESTRA CALLE. ¡LA BOMBA HABÍA CAÍDO EN MI CALLE!

SEÑORA, ¿EN QUÉ EDIFICIO HA CAÍDO?

CREO QUE HA SIDO AL FINAL DE LA CALLE.

AL FINAL DE LA CALLE ESTABA NUESTRO EDIFICIO Y EL DE LOS BABA-LEVY.

DÉJENME PASAR.

HABÍA UN 50% DE POSIBILIDADES DE QUE FUERA NUESTRA CASA.

POR FAVOR, DÉJENME PASAR.

¡NO PUEDES PASAR DE AQUÍ!

...YO VIVO AHÍ...

Y ME DEJÓ PASAR...

NO ME ATREVÍA A LEVANTAR LA VISTA. ME MIRÉ LAS PIERNAS. ME FLAQUEABAN.
NO AVANZABA, COMO SI ESTUVIERA EN UNA PESADILLA.

CUANDO PASAMOS FRENTE A LA CASA DESTRUIDA DE LOS BABA-LEVY, NOTÉ QUE TIRABA DE MÍ DISIMULADA-
MENTE. ALGO ME DECÍA QUE LOS BABA-LEVY ESTABAN EN CASA. ALGO ME LLAMÓ LA ATENCIÓN.

VI UN BRAZALETE DE TURQUESAS, EL DE NEDA.
SE LO HABÍA REGALADO SU TÍA CUANDO CUMPLIÓ
CATORCE AÑOS...

EL BRAZALETE AÚN ESTABA UNIDO A... NO LO SÉ...

NO EXISTE GRITO EN EL MUNDO QUE HUBIERA PODIDO
ALIVIAR EL SUFRIMIENTO Y LA CÓLERA QUE SENTÍA.

 # LA DOTE

DESPUÉS DE LA MUERTE DE NEDA BABA-LEVY, MI VIDA DIO UN GIRO. EN 1984, TENÍA CATORCE AÑOS, ERA REBELDE Y YA NADA ME DABA MIEDO.

¡OS HE REPETIDO MIL VECES QUE ESTÁ PROHIBIDO POR COMPLETO LLEVAR JOYAS Y TEJANOS!

¿QUÉ HACES CON ESA PULSERA? ¡DÁMELA AHORA MISMO!

¡JAMÁS EN LA VIDA! ES UN REGALO DE MI MADRE.

HABÍA COMPRENDIDO QUE HAY QUE GRITAR SIEMPRE MÁS ALTO QUE TU AGRESOR.

SI MAÑANA TE VUELVO A VER LLEVANDO JOYAS... ¡PUES VALE!

AL DÍA SIGUIENTE...

ENSÉÑAME LA MUÑECA.

¿PARA QUÉ?

¡¡HE DICHO QUE ME LA ENSEÑES!!

¡CON TODAS LAS JOYAS QUE NOS ROBA SEGURO QUE SE SACA UNA PASTA!

¿QUÉ HA PASADO?

¡MARJI HA PEGADO A LA DIRECTORA!

¡ESTÁ PERDIDA!

¡PERDÓN! ¡NO QUERÍA HACERLO!

¡SATRAPI! ¡ESTÁS EXPULSADA!

DESPUÉS DE LA EXPULSIÓN, NOS COSTÓ HORRORES ENCONTRAR UNA ESCUELA QUE ME ACEPTARA. GOLPEAR A UNA DIRECTORA ERA UN AUTÉNTICO CRIMEN PERO GRACIAS A MI TÍA, QUE CONOCÍA A ALTOS FUNCIONARIOS DE LA EDUCACIÓN NACIONAL, PUDE ENTRAR EN OTRA INSTITUCIÓN Y ALLÍ...

DESDE QUE SE INSTAURÓ LA REPÚBLICA ISLÁMICA, YA NO HAY PRESOS POLÍTICOS.

¡SEÑORA!

MI TÍO FUE ENCARCELADO DURANTE EL RÉGIMEN DEL SHA, ¡PERO LE EJECUTARON POR ORDEN DEL RÉGIMEN ISLÁMICO!

PRETENDE HACERNOS CREER QUE NO HAY PRESOS POLÍTICOS, CUANDO DE LOS TRES MIL DETENIDOS QUE HABÍA EN TIEMPOS DEL SHA SE HA PASADO A TRESCIENTOS MIL CON SU RÉGIMEN.

¿CÓMO SE ATREVE A MENTIRNOS DE ESA MANERA?

¡OH, SATRAPI!

¡CLAP!
¡CLAP!
¡CLAP!
¡CLAP!
¡CLAP!
¡CLAP!
¡CLAP!
¡CLAP!
¡CLAP!

EVIDENTEMENTE, AQUELLA MISMA TARDE, MI PADRE RECIBIÓ UNA LLAMADA.

SÍ, POR SUPUESTO... SÍ...

¿QUIÉN ES?

ES LA DIRECTORA DE LA ESCUELA. SEGÚN PARECE, MARJI HA PUESTO A LA PROFESORA DE RELIGIÓN EN SU SITIO. ES IGUAL QUE SU TÍO.

¿QUIERES QUE ACABE COMO ÉL? ¿EJECUTADA?

¿SABES LO QUE LES HACEN A LAS JOVENCITAS CUANDO LAS ARRESTAN?

¿SABES QUÉ LE PASÓ A NILOUFAR? LA CHICA QUE CONOCISTE EN CASA DE KHOSRO, EL QUE HACÍA PASAPORTES.

SABES QUE, SEGÚN LA LEY, NO SE PUEDE MATAR A UNA VIRGEN...

PUES LA CASAN CON UN GUARDIÁN DE LA REVOLUCIÓN...

...¡QUE LA DESFLORA ANTES DE QUE LA EJECUTEN! ¡¡¿SABES QUÉ SIGNIFICA ESO?!!

SI ALGUIEN TE TOCA UN SOLO PELO... ¡LO MATO!

¿PERO CÓMO SABES TODO ESO? ¡A LO MEJOR SÓLO LA EJECUTARON!

¡NO, TU MADRE TIENE RAZÓN! CUANDO UNA CHICA SE CASA, SEGÚN LA TRADICIÓN, TIENE DERECHO A QUE SU MARIDO LE DE UNA DOTE.

SI LA CHICA MUERE, EL MARIDO DEBE ENTREGAR LA DOTE A LA FAMILIA DE ELLA.

ESO ES LO QUE PASÓ CON NILOUFAR: DESPUÉS DE QUE LA EJECUTARAN, PARA QUE QUEDARA CLARO LO QUE HABÍAN HECHO, LE MANDARON QUINIENTOS TUMANES* DE DOTE A SUS PADRES.

QUINIENTOS TUMANES POR LA VIDA Y LA VIRGINIDAD DE UNA INOCENTE...

NO LO SABÍA.

*EL EQUIVALENTE A 5 EUROS.

ESTUVE TODA LA NOCHE PENSANDO EN AQUELLA FRASE: "MORIR COMO MÁRTIR ES INYECTAR SANGRE EN LAS VENAS DE LA SOCIEDAD". NILOUFAR ERA UNA AUTÉNTICA MÁRTIR, PERO SEGURO QUE SU SANGRE NO HABÍA ALIMENTADO LAS VENAS DE NUESTRA SOCIEDAD.

UNA SEMANA DESPUÉS...

¿MARJI, PUEDES VENIR DOS MINUTOS?

HOY HE IDO A VER A LA DIRECTORA. ME HA DICHO QUE POR ESTA VEZ NO VA A PASAR NINGÚN INFORME. PERO VISTO TU CARÁCTER Y LA EDUCACIÓN QUE HAS RECIBIDO, HEMOS PENSADO QUE SERÍA MEJOR QUE SALIERAS DE IRÁN.

¿QUÉ?

TU MADRE Y YO HEMOS DECIDIDO ENVIARTE A AUSTRIA.

¿POR QUÉ A AUSTRIA?

PRIMERO PORQUE ES MÁS FÁCIL CONSEGUIR UN VISADO AUSTRÍACO Y SEGUNDO PORQUE MI MEJOR AMIGA VIVE EN VIENA, ¿TE ACUERDAS DE ELLA? ¡ZOZO, LA MAMÁ DE CHIRINE! ¿TE ACUERDAS DE CHIRINE?

SÍ, SÍ... ¡PERO NO HABLO ALEMÁN!

EN VIENA HAY UN LICEO FRANCÉS. ¡UNO DE LOS MEJORES DE EUROPA!

¿Y VOSOTROS QUÉ HARÉIS ALLÍ?

DE MOMENTO, IRÁS TÚ SOLA. TENEMOS QUE ARREGLAR ALGUNOS ASUNTOS. ¡DENTRO DE UNOS CUANTOS MESES IREMOS CONTIGO!

¡PERO SI SÓLO TENGO CATORCE AÑOS! ¿OS FIÁIS DE MÍ?

TIENES CATORCE AÑOS Y SÉ MUY BIEN CÓMO TE HE EDUCADO. SOBRE TODO ME FÍO DE TU EDUCACIÓN.

SABES, ERES LA MISMA QUE PASÓ UNAS VACACIONES SOLA EN FRANCIA.

ANTES DE LA REVOLUCIÓN, MIS PADRES ME ENVIARON A EUROPA A PASAR EL VERANO EN COLONIAS DE VACACIONES. MI MADRE NO QUERÍA QUE CRECIERA COMO UNA HIJA ÚNICA.

SÍ, ES VERDAD, QUÉ BIEN... ¡UN PERIODO DE AUTÉNTICA INDEPENDENCIA!

TE QUEREMOS TANTO QUE QUEREMOS QUE TE MARCHES.

PREFERIMOS QUE ESTÉS FELIZ LEJOS DE NOSOTROS A QUE SEAS DESGRACIADA AQUÍ. Y VISTA LA SITUACIÓN, ESTARÁS MEJOR FUERA.

ENTONCES, ME ENTRARON DUDAS. ¿POR QUÉ ME HABLABAN ASÍ SI IBAN A VENIR CONMIGO?

¡TE QUEREMOS MUCHO!

¡NUNCA TE OLVIDES DE QUIÉN ERES!

NO... NUNCA LO OLVIDARÉ...

ME REPETÍ CIENTOS DE VECES LO QUE ME HABÍAN DICHO. ESTABA PRÁCTICAMENTE SEGURA DE QUE NO IBAN A VENIR A VIENA.

ESTUVE TODA LA NOCHE DESPIERTA. ME PREGUNTABA SI LA LUNA BRILLARÍA IGUAL EN AUSTRIA.

AL DÍA SIGUIENTE RELLENÉ UN BOTE CON LA TIERRA DE NUESTRO JARDÍN. LA TIERRA DE IRÁN.

QUITÉ TODOS MIS PÓSTERS.

KIM WI

Y QUEDÉ CON MIS AMIGAS PARA DESPEDIRME.

¡TOMAD! OS REGALO LO QUE MÁS QUIERO EN EL MUNDO. ASÍ NO ME OLVIDARÉIS.

NO PENSABA QUE ME QUISIERAN TANTO.

ME DI CUENTA DE HASTA QUÉ PUNTO CONFIABAN EN MÍ.

LA VIGILIA DE MI PARTIDA, MI ABUELA VINO A DORMIR A CASA.

¿PUEDO DORMIR CONTIGO?

¡PARA ESO HE VENIDO!

OBSERVÉ A MI ABUELA MIENTRAS SE DESNUDABA. TODAS LAS MAÑANAS RECOGÍA JAZMINES Y SE LOS PONÍA EN EL SUJETADOR, PARA OLER BIEN. CUANDO SE DESABROCHABA LA BLUSA, SE VEÍAN CAER LAS FLORES DE SUS SENOS.

ERA UN ESPECTÁCULO.

ABUELA, ¿CÓMO LO HACES PARA TENER LOS SENOS TAN REDONDOS A TU EDAD?

LOS METO DIEZ MINUTOS CADA UNO EN UN TAZÓN CON AGUA HELADA, POR LA MAÑANA Y POR LA TARDE.

ERA VERDAD QUE LO HACÍA Y YO YA LO SABÍA. SÓLO TENÍA GANAS DE OÍRSELO DECIR.

TE ECHARÉ DE MENOS.

PERO SÍ IRÉ A VERTE.

TAMBIÉN ME MENTÍA.

ESCUCHA, NO ME GUSTA ECHAR SERMONES, PERO TE VOY A DAR UN CONSEJO QUE TE SERVIRÁ SIEMPRE.

EN LA VIDA ENCONTRARÁS A MUCHOS IMBÉCILES. SI TE HIEREN, PIENSA QUE ES SU ESTUPIDEZ LA QUE LES EMPUJA A HACERTE DAÑO. ASÍ EVITARÁS RESPONDER A SU MALDAD. PORQUE NO HAY NADA PEOR EN EL MUNDO QUE EL RENCOR Y LA VENGANZA... MANTÉN SIEMPRE TU DIGNIDAD, TU INTEGRIDAD Y LA FIDELIDAD A TI MISMA.

PODÍA OLER EL PECHO DE MI ABUELA. OLÍA MUY BIEN. NUNCA OLVIDARÉ AQUEL PERFUME.

A LA MAÑANA SIGUIENTE.

¡DESPERTAD! SON LAS SIETE, TENEMOS QUE IRNOS.

?

ME MANTENDRÉ SIEMPRE FIEL A MÍ MISMA.

YO NO VOY.

NO OLVIDES NUNCA LO QUE TE HE DICHO.

ABUELA.

¡YA HEMOS LLEGADO!

HABÍA UNA COLA MONSTRUOSA. MUCHA GENTE DEJABA EL PAÍS.

SOBRE TODO JÓVENES. A PARTIR DE LOS TRECE AÑOS SE LES CONSIDERABA FUTUROS SOLDADOS Y NO PODÍAN SALIR DEL PAÍS.

MEHRABAD AIRPORT

NO PODÍA SOPORTAR VERLOS ALLÍ, DETRÁS DE LOS CRISTALES. NO HAY NADA MÁS TRISTE QUE LAS DESPEDIDAS. SON UN POCO COMO LA MUERTE.

MARCHAOS, MARCHAOS.

CIERRA LA MALETA. PUEDES IRTE.

PERO NO...

ME DI LA VUELTA PARA VERLOS POR ÚLTIMA VEZ...

...Y MEJOR ME HUBIERA MARCHADO.